구속사 시리즈
어린이 공과 2-1

잊어버렸던 만남

영유치 0-7세 이야기책

횃불 언약과 그 언약을 이룬 사람들의 이야기

하나님은 죄를 지은 사람들을 구원해주시려고 자세한 계획을 아브라함에게 가르쳐주셨습니다. 그리고 그 계획을 반드시 이루시겠다는 약속을 더욱 확실히 하시기 위해 횃불로 나타나셨고, 그 약속은 '횃불 언약'으로 불리게 되었습니다.

〈잊어버렸던 만남〉에는 크게 두 가지 이야기가 담겨있습니다.
하나는, 횃불 언약을 통해 하나님께서 하나님의 백성을 어떻게 만들어 가시는지, 자기 백성에게 주시려는 땅을 어떻게 준비하시는지에 대한 이야기입니다.
또 다른 하나는, 횃불 언약을 이루기 위해 하나님과 함께 일하는 사람들에 대한 이야기입니다. 그 사람들은 하나님께서 횃불 언약을 직접 맺으신 아브라함과, 그의 아들 이삭, 손자 야곱, 증손자 요셉입니다. 그리고 이 사람들을 횃불 언약을 이룬 「믿음의 4대」라고 합니다.

하나님께서는 하나님의 나라 천국을 우리에게 선물로 주신다고 약속하셨습니다. 아브라함, 이삭, 야곱, 요셉의 믿음과 순종과 행함이 이 책을 접하는 어린이들의 신앙의 열매로 맺히기를 기도합니다.

2021년 5월

평강제일교회 담임목사

CONTENTS

1

구속사의 주인공이신 예수님

- 읽어 보아요 : 베드로전서 1장 18-19절
- 외워 보아요 : 그 아들 안에서 우리가 구속 곧 죄 사함을 얻었도다(골 1:14)
- 핵심 가르침 : 구속사의 주인공은 예수님이심을 알게 합니다.

하나님은 사람을 당신의 모습과 닮게 만드셨어요. 그리고 이 세상 어느 것보다 소중하게 여겨주셨죠. 그런데 사람은 하나님이 먹지 말라 한 말씀을 어기는 죄를 짓고 말았어요. 이 죄를 용서받지 않으면 사람은 모두 지옥에 갈 수밖에 없어요.

구약 때는 죄를 용서받기 위해 **제사**를 드려야 했어요. 흠이 없는 염소 두 마리를 고른 다음 대제사장이 그중 한 염소의 머리에 손을 얹어 이스라엘 자손들의 모든 죄를 염소에게 뒤집어 씌워요. 그리고 염소를 광야로 내보내 무서운 짐승의 밥이 되게 하지요.

이런 제사를 명령하신 것은 우리의 죄를 영원히 없애주실 **예수님**을 미리 알려주시기 위해서였어요. 예수님은 죄가 하나도 없으신 분이세요. 하지만 제물로 드려진 염소처럼 우리의 **모든 죄**를 다 짊어지셨어요. 그리고 예루살렘 밖에서 **십자가**에 못 박혀 죽으셨지요.

죄는 하나님과 우리 사이를 멀어지게 했지만,
예수님의 십자가 피는 우리를 하나님과 다시 가까워지게 해주었어요.
예수님만이 우리를 **구원**하는* 유일한 분이시고,
예수님의 십자가 피로만 우리의 모든 죄를 용서받을 수 있어요.

우리를 구원하신 예수님을 사랑하고 구원의 기쁜 소식을 널리 알리는 어린이가 되어요.

*구원하다 : 사람을 죄에서 건져내다.

2 언약을 기억하시고 이루시는 하나님

- 읽어 보아요 : 이사야 9장 6-7절
- 외워 보아요 : 일을 행하는 여호와, 그것을 지어 성취하는 여호와, 그 이름을 여호와라 하는 자가 이같이 이르노라(렘 33:2)
- 핵심 가르침 : 하나님은 언약을 기억하시고 반드시 이루심을 알게 합니다.

하나님은 사람을 구원하기 위해 때마다 사람들과 **언약**을 맺으셨어요. 성경에 나타난 첫 언약은 **아담**과 맺으신 언약이에요. 하나님은 에덴동산에 아담을 살게 하시고 "선악을 알게 하는 나무의 열매는 먹지 말라. 네가 먹는 날에는 반드시 죽는다." 라고 하셨어요. 아담이 이 언약을 지키면 살고 지키지 않으면 죽는 것이지요.

그러나 아담은 하나님의 말씀을 지키지 않는 죄를 짓고 말았어요.

하나님께서는 그 죄를 용서해주시기 위해

여자의 후손*을 보내시겠다고 말씀하셨어요.

여자의 후손은 바로 예수님이에요.

* 후손 : 자신의 세대에서 여러 세대가 지난 뒤의 자녀를 통틀어 이르는 말.

하나님은 믿음의 사람들과 **언약**을 맺으셨어요. 죄지은 인간을 구원하려는 방법과 계획을 알려주시려고요. 노아, 아브라함, 모세, 다윗왕 모두 하나님과 언약을 맺은 사람들이지요. 특히 아브라함과는 일곱 번이나 언약을 맺으셨어요. 그리고 그 언약대로 예수님이 이 땅에 오셔서 우리를 구원하셨어요.

예수님이 다시 오신다는 언약도 반드시 이루어져요.
우리는 그 언약을 굳게 믿는 어린이가 되어요.

3 아브라함과 맺으신 횃불 언약

- 읽어 보아요 : 창세기 15장 1-9절
- 외워 보아요 : 가나안 땅 곧 그들의 우거하는 땅을 주기로 그들과 언약하였더니(출 6:4)
- 핵심 가르침 : 아브라함과 맺으신 횃불 언약의 배경과 내용을 알게 합니다.

성경에 많은 언약이 나오지만, 하나님은 **아브라함**과 특별한 언약을 맺으셨어요.

"아브라함아, 저 하늘의 별들처럼 네 자손이 많아질 것이다."
하나님은 아브라함에게 약속하셨어요. 아브라함은 그 약속을 믿었죠.
이어서 하나님은 가나안 땅도 주겠다고 하셨어요. 그런데 아브라함은
"하나님, 제가 이 땅을 차지할 것인지 어떻게 알 수 있을까요?"
라고 하나님께 물었어요. 그 말을 들으신 하나님은 아브라함에게 제사를 드리라고 하셨어요.

아브라함은 하나님이 말씀하신 대로 **제사**를 드렸어요. 솔개가 제물 위로 날아오면 쫓아내기도 했지요. 해질 무렵 아브라함은 깊은 잠에 빠졌어요. 주위가 캄캄해지자 아브라함은 몹시 두려워졌어요.

그때 하나님은 아브라함에게 약속의 말씀을 주셨어요.

"네 자손들이 외국 땅에서 나그네가 되어 **400년** 동안 종살이하며 괴롭힘 당할 것이다.
그러나 그들이 섬기는 나라를 내가 벌할 것이니
네 자손들이 많은 **재물**을 가지고 그 나라에서 나올 것이다.
너는 오래 살다가 평안히 죽어 묻힐 것이며 네 자손들은 **4대** 만에 이 땅으로 돌아올 것이다."
하나님이 말씀을 마치시자 타는 횃불이 쪼개 놓은 제물 사이로 지나갔어요.
그래서 이 언약을 **횃불 언약**이라고 해요.

4 연기 나는 풀무와 타는 횃불

- 읽어 보아요 : 창세기 15장 17절
- 외워 보아요 : 이스라엘의 빛은 불이요 그 거룩한 자는 불꽃이라(사 10:17상반절)
- 핵심 가르침 : 횃불 언약의 연기 나는 풀무와 타는 횃불의 의미를 알게 합니다.

하나님이 아브라함과 횃불 언약을 맺으신 다음, 연기 나는 풀무와 타는 횃불이 나타났어요.

풀무의 불은 단단한 쇠를 녹일 정도로 아주 뜨겁지만, 그 불을 통과한 쇠는 아주 깨끗하고 좋은 쇠로 변해요. 연기 나는 풀무는 아브라함의 자손이 다른 나라에서 매우 고생하지만 깨끗한 믿음을 지닌 하나님의 백성이 된다는 걸 보여주신 것이지요.

또 아브라함이 삼 년 된 암소, 암염소, 숫양을 반으로 쪼개 마주 대놓고, 비둘기들을 단 위에 올려놓았는데, 타는 **횃불**이 그 제물들 사이로 지나갔지요.

이 횃불은 바로 **하나님**을 나타내요.

제물을 반으로 쪼갠 것은, 약속을 지키지 않으면 그 제물처럼 된다는 뜻이 있어요.

하나님을 나타내는 횃불이 지나간 것은 하나님께서 반드시 이 언약을 지키시겠다는 확실한 약속의 표시였어요.

하나님은 언약하신 뒤 우리를 그냥 두지 않으세요.

언약이 이루어질 때까지 우리의 믿음을 자라게 하시고 항상 함께하세요.

5 횃불 언약을 이루는 믿음의 4대

- 읽어 보아요 : 창세기 15장 16절
- 외워 보아요 : 그러므로 후사가 되는 이것이 은혜에 속하기 위하여 믿음으로 되나니 이는 그 약속을 그 모든 후손에게 굳게 하려 하심이라(롬 4:16상반절)
- 핵심 가르침 : 횃불 언약을 성취하는 믿음의 4대가 누구인지 알게 합니다.

하나님께서는 아브라함의 자손이 **4대** 만에 가나안 땅으로 돌아온다고 하셨어요.

4대는 횃불 언약이 이루어질 때까지 언약을 이어간 **4명**을 말해요.

1대는 횃불 언약을 직접 맺은 **아브라함**이에요.

2대는 아브라함의 아들 **이삭**, 3대는 이삭의 아들 **야곱**이지요.

아브라함은 아들과 손자에게 횃불 언약의 말씀을 전해주었고 이삭, 야곱 또한
하나님의 말씀을 믿었어요.

그리고 야곱은 아들 **요셉**에게 횃불 언약에 대해 알려주었어요.

아브라함의 믿음은 요셉에게까지 이어져 요셉 또한 횃불 언약이 반드시 이루어질 것을 믿었죠.

마침내 요셉의 해골이 가나안 땅 세겜에 묻히면서

4대 만에 가나안으로 돌아온다는 횃불 언약은 이루어졌어요.

하나님의 언약을 기억하고 지키는 사람만이 언약을 이어나가는 **믿음의 4대**가 될 수 있어요.

믿음의 대를 이어나가는 어린이가 되어요.

6 하나님의 부르심에 순종한 아브라함

- 읽어 보아요 : 창세기 12장 4절
- 외워 보아요 : 너희도 그들 중에 있어 예수 그리스도의 것으로 부르심을 입은 자니라(롬 1:6)
- 핵심 가르침 : 하나님께서 아브라함을 불러내신 장소가 갈대아 우르와 하란임을 알게 합니다.

아브라함은 **갈대아 우르**에서 태어났어요.

갈대아 우르는 해, 달, 별 등 각종 우상을 섬기는 곳이었어요.

아브라함의 아버지 데라도 하나님을 믿는 셈의 자손이었지만 하나님이 아닌 우상들을 섬겼어요.

어느 날 하나님께서 아브라함에게 나타나셨어요.

"아브라함아, 네 고향과 친척들을 떠나 내가 보여줄 땅으로 가거라."

"네, 하나님."

아브라함은 하나님 말씀에 순종해서

아버지 데라와 조카 롯, 아내 사라와 함께 갈대아 우르를 떠났어요.

갈대아 우르를 떠난 아브라함은 한동안 **하란**에 머물렀어요.

하란도 살기 좋은 곳이었고, 셈과 에벨 같은 믿음의 어른들이 살고 있었지요.

아브라함이 75세가 되었을 때 하나님은 또 명령하셨어요.

"너는, 네가 살고 있는 땅과 네 아버지 집을 떠나서, 내가 보여줄 땅으로 가거라."

이번에도 아브라함은 하나님의 말씀에 순종해서 아내 사라, 조카 롯을 데리고 하란을 떠났어요.

아브라함은 어디로 갈지 몰랐어요.

하지만 하나님 말씀에 **순종**해서 떠났고, 가나안 땅에 도착했어요.

가나안에 도착하자 하나님께서는 그 땅을 아브라함에게 주겠다고 약속하셨어요.

7 아브라함이 믿지 못해 태어난 이스마엘

- 읽어 보아요 : 창세기 16장 15-16절
- 외워 보아요 : 그가 사람 중에 들나귀같이 되리니 그 손이 모든 사람을 치겠고 모든 사람의 손이 그를 칠지며(창 16:12)
- 핵심 가르침 : 이스마엘은 하나님의 약속으로 태어난 것이 아님을 알게 합니다.

하나님은 가나안 땅을 아브라함과 그의 자손에게 주시겠다는 말씀을

아브라함이 확실히 믿도록 **횃불 언약**을 맺으셨어요.

이때 아브라함의 나이는 **84세**였어요.

하나님이 자손을 주시겠다고 약속하셨지만, 아브라함이 85세가 되어도 아브라함과 사라에게는 아이가 없었어요. 어느 날 사라는 아브라함에게, "여호와께서 나에게 자식을 주지 않으시니 내 여종과 함께 잠자리에 드세요. 그녀를 통해서 자식을 얻을 수 있을 거예요."라고 말했지요.

아브라함은 하나님의 약속을 기다리지 못하고 사라의 말을 따르기로 했어요.

하갈은 곧 아기를 갖게 되었고, 열 달이 지나 아들을 낳았어요.

아브라함은 그 아들의 이름을 **이스마엘**이라고 했어요. 하나님께서는 이스마엘도 큰 나라가 될 것이라고 말씀해주셨으나, 하나님의 약속하신 자녀는 아니었지요.

아브라함이 하나님의 약속을 믿지 못하여 태어난 이스마엘의 자손은 나중에 하나님의 약속의 자녀들을 괴롭히는 민족이 되고 말았어요.
우리는 하나님의 말씀만 기억하고 믿고 기다리는 어린이가 되어야겠어요.

8

하나님의 언약대로 태어난 이삭

- 읽어 보아요 : 창세기 21장 1-5절
- 외워 보아요 : 형제들아 너희는 이삭과 같이 약속의 자녀라(갈 4:28)
- 핵심 가르침 : 이삭은 하나님의 약속대로 태어난 아들임을 알게 합니다.

아브라함이 **99세**가 되었을 때, 하나님은 그에게 나타나 말씀하셨어요.

“내가 너를 여러 민족의 아버지로 삼을 것이니 이제부터 너의 이름은 아브라함이니라.”

아브람에서 **아브라함**이라는 새 이름으로 바꿔주신 거예요.

하나님은 또 말씀하셨어요.

“네게서 많은 민족이 나오고, 가나안 땅은 네 자손에게 줄 것이다.

그러니 내가 너와 세우는 이 언약을 너와 너희 자손 대대로 지켜야 한다.”

하나님은 이 언약을 절대 잊지 않게 하시려고 아브라함 집안의 모든 남자들뿐만 아니라 모든 자손들이 할례를 받게 하셨어요. 이것을 **할례* 언약**이라고 해요.

*할례 : 남자의 생식기 끝 살가죽을 끊어 내는 풍습.

하나님은 아브라함의 아내도 사래에서 **사라**라는 새 이름으로 바꿔주셨어요.

그로부터 1년 뒤 사라는 아들을 낳았지요.

아브라함은 아들의 이름을 **이삭**이라고 지었어요.

이때가 아브라함은 100세, 사라는 90세였어요. 하나님의 언약대로 이루어진 것이에요.

사람은 절대 할 수 없는 일도 전능하신 하나님은 다 하실 수 있는 분이세요.

한 번 말씀하신 것은 반드시 이루시는 분이기도 하지요.

우리는 말씀대로 이루시는 하나님을 잘 믿는 어린이가 되어요.

9 하나님께 믿음을 인정받은 아브라함

- 읽어 보아요 : 창세기 22장 1-12절
- 외워 보아요 : 아브라함은 시험을 받을 때에 믿음으로 이삭을 드렸으니 저는 약속을 받은 자로되 그 독생자를 드렸느니라(히 11:17)
- 핵심 가르침 : 하나님의 말씀에 끝까지 순종해서 하나님께 믿음을 인정받아야 함을 알게 합니다.

이삭이 무럭무럭 자라 청년이 된 어느 날,

하나님은 아브라함이 하나님의 말씀을 잘 믿고 순종하는지 **시험**해 보려고 하셨어요.

"아브라함아!" "예, 제가 여기에 있습니다."

“사랑하는 네 외아들 이삭을 데리고 모리아 땅으로 가서

내가 일러주는 산에서 **번제물**로 바쳐라.”

번제는 짐승을 잡아 가죽을 벗기고 조각을 내서

완전히 불에 태워 드리는 제사예요.

하나님이 주신 약속의 자녀 이삭을

번제물로 바치라고 하신 것이지요.

그러나 아브라함은 한마디 불평도 없이 다음 날 아침 일찍 이삭을 데리고 하나님이 알려주신 **모리아**의 한 산으로 갔어요. 번제에 쓸 장작을 지고 가던 이삭이 아브라함에게 물었어요.

"아버지, 불과 장작은 있는데 번제로 드릴 양은 어디 있습니까?"

아브라함은 하나님께서 준비하신다고 알려주었지요.

하나님이 일러주신 곳에 이르자 아브라함은 제단을 쌓고 장작을 얹은 다음, 이삭을 묶어 그 위에 올려놓았어요. 그리고 칼을 들어 이삭을 찌르려고 했죠.
하나님은 큰 소리로 아브라함을 부르셨어요.
"아브라함아, 아브라함아! 그 아이에게 손대지 마라.
네 사랑하는 외아들까지도 나에게 아끼지 않는구나! 네가 나를 경외하는 줄 이제 알았다."
드디어 하나님은 아브라함의 믿음을 **인정**하셨어요. 아브라함도 늘 잘 믿었던 것은 아니에요.
그러나 하나님의 말씀을 따라갈 때 점점 더 믿음이 강해졌어요.
그래서 하나님의 시험도 잘 통과해 믿음을 인정받았지요.

우리도 하나님의 말씀을 잘 따라가다 보면 아브라함처럼 하나님께 믿음을 인정받을 수 있어요.

10 믿음으로 막벨라 굴을 산 아브라함

- 읽어 보아요 : 창세기 23장 16-20절
- 외워 보아요 : 저희가 이제는 더 나은 본향을 사모하니 곧 하늘에 있는 것이라(히 11:16하반절)
- 핵심 가르침 : 하나님의 약속을 바라보며 막벨라 굴을 산 아브라함의 믿음을 알게 합니다.

아브라함의 아내 **사라**는 헤브론에서 죽었어요.

때로는 실수하기도 했지만, 하나님을 잘 믿으려고 노력했어요.

그리고 약속의 자녀 이삭을 낳으면서 하나님만이 믿을 만한 진실한 분임을 확실히 믿게 되었지요.

아브라함은 아내 사라를 묻을 땅을 사려고 했어요.
그런데 헷 사람들은
"아브라함 당신은 귀한 분입니다. 가장 좋은 곳을 고르세요. 그냥 드릴게요."
라고 했어요. 아브라함은 그들에게 말했어요.
"아닙니다. 땅값을 치르겠습니다."
아브라함은 제값을 주고 **막벨라 굴**을 사서 사라를 그곳에 묻었어요.

막벨라 굴은 아브라함이 가나안에 와서 처음 갖게 된 땅이에요.
여기에 아브라함, 이삭, 야곱도 나중에 묻혔어요.
아브라함의 자손들은 조상들이 묻혀 있는 이곳을 자기들이 꼭 돌아가야 할 **고향***으로 여겼어요.

아브라함은 가나안 땅을 주겠다고 하신 하나님의 약속을 믿고 막벨라 굴을 샀어요.
우리들도 하나님 나라를 믿음의 눈으로 바라보고 믿음 생활을 열심히 하는 어린이가 되어요.

*고향 : 자기가 태어나서 자란 곳.

11

횃불 언약을 이어받은 이삭

- 읽어 보아요 : 창세기 26장 2-5절
- 외워 보아요 : 이것은 아브라함에게 하신 언약이며 이삭에게 하신 맹세며(대상 16:16)
- 핵심 가르침 : 아브라함의 믿음의 터 위에서 이삭에게 횃불 언약이 계승되었음을 알게 합니다.

아브라함은 이삭을 결혼시키려고 종 엘리에셀을 불러 말했어요.
"내 친척들이 사는 곳에 가서 이삭의 아내 될 여인을 데려오너라.
하나님께서 너를 도와주실 게야."

아브라함의 고향으로 간 엘리에셀은 브두엘의 딸 **리브가**를 만나게 되었고,
엘리에셀의 말을 들은 리브가는 곧바로 이삭에게 왔어요.
이삭은 하나님 말씀에 순종하는 리브가를 아내로 맞이했지요.

결혼한 지 20년이 되었지만 리브가는 아이를 낳지 못했어요. 이삭은 리브가를 위해 간절히 기도했고, 그의 기도를 들으신 하나님은 쌍둥이 아들을 낳게 해 주셨어요. 먼저 나온 아들은 **에서**라고 이름을 지었고, 에서의 발꿈치를 잡고 나온 아들은 **야곱**이라고 했어요.

아브라함이 죽은 후, 하나님은 이삭에게 나타나셔서 말씀하셨지요.
"너는 이 땅에 머물라. 내가 너와 함께하고 너에게 복을 줄 것이다.
너와 네 자손에게 이 땅을 주어 네 아버지 아브라함과 세운 언약을 지키겠다."
아브라함과 맺은 언약이 이삭에게도 이어진 것이에요.

아버지에게서 아들로 언약이 이어진 것처럼 우리도 하나님의 언약을 이어가는 어린이가 되어요.

12

끝까지 참으며 우물을 판 이삭

- 읽어 보아요 : 창세기 26장 23-25절
- 외워 보아요 : 너희에게 인내가 필요함은 너희가 하나님의 뜻을 행한 후에 약속을 받기 위함이라 (히 10:36)
- 핵심 가르침 : 끝까지 인내하여 하나님의 말씀에 순종한 이삭의 삶을 알게 합니다.

이삭이 사는 땅에 큰 흉년*이 들어 이삭은 애굽으로 내려가려고 했어요.

그러자 하나님이 나타나셔서 말씀하셨어요.

"애굽으로 가지 말고 이 땅에 머물러라.

내가 너와 함께하겠다."

이삭은 말씀에 **순종**해서 그랄에 머물렀어요.

*흉년 : 농작물이 예전에 비해서 잘되지 아니하여 굶주리게 된 해.

하나님은 말씀에 순종한 이삭에게 잘되는 **축복**을 주셨어요.

농사를 지으면 **100배**나 많은 곡식을 거두었고, 양과 소들도 엄청나게 많아졌지요.

이삭은 점점 더 큰 부자가 되었어요.

이삭을 시기한* 블레셋 사람들은 아브라함이 판 **우물**들을 흙으로 덮어버렸어요.

"우리 땅을 떠나!"

그래서 이삭은 그곳을 떠나 새 우물을 팠어요.

그런데 그랄 목자들이 이삭이 판 우물이 자기들 것이라고 우겨서

이삭의 목자들과 싸움이 일어났지 뭐예요?

이삭은 그 우물을 양보하고 다른 우물을 팠지만 그것도 또 빼앗겼어요.

이삭은 포기하지 않고 세 번째 우물을 팠고, 더는 목자들도 다투지 않았어요.

*시기하다 : 남이 잘되는 것을 샘하여 미워하다.

이삭은 **브엘세바**로 올라갔어요.

그 밤에 하나님께서 이삭에게 나타나서 말씀하셨어요.

"너는 두려워하지 말라. 내가 너와 함께하겠고, 너에게 복을 주고, 많은 자손을 주겠다."

여러 가지 어려움이 있었지만 이삭은 끝까지 참고 하나님의 말씀에 순종했어요.

우리도 하나님의 말씀에 순종해서 약속의 자녀답게 살아가는 어린이가 되어요.

13 장자가 되고 싶었던 야곱

- 읽어 보아요 : 창세기 27장 24-29절
- 외워 보아요 : 내가 또 저로 장자*를 삼고 세계 열왕의 으뜸이 되게 하며(시 89:27)
- 핵심 가르침 : 야곱이 장자의 축복을 받기까지의 과정을 알게 합니다.

이삭의 아들 에서와 야곱은 **쌍둥이**에요.

둘은 리브가 배 속에 있을 때부터 서로 다투었어요.

하나님은 두 아이가 두 나라를 이루고 형이 동생을 섬기게 된다고 리브가에게 말씀하셨어요.

먼저 태어난 에서는 자라서 뛰어난 사냥꾼이 되었고,

야곱은 장막에 있으면서 아브라함과 이삭, 리브가에게 하나님 말씀 듣기를 좋아했어요.

*장자 : 둘 이상의 아들 가운데 첫째 아들.

어느 날 야곱이 **팥죽**을 끓이고 있을 때 에서가 사냥을 하고 돌아왔어요.

"아이고 배고파. 야곱아, 그 죽 좀 줘."

늘 장자의 축복을 받고 싶던 야곱은 팥죽을 줄 테니 장자의 권리*를 팔라고 했어요.

"배가 고파 죽겠는데, 그깟 장자의 권리가 뭐람? 너 가져."

에서는 **장자**의 **권리**를 우습게 여기고 팥죽 한 그릇과 맞바꿔버렸어요.

*권리 : 어떤 일에 대하여 당당히 요구할수 있는 힘.

이삭이 늙어 앞이 잘 안 보이자, 이삭은 에서를 불렀어요.
"나는 이제 언제 죽을지 모르니, 사냥을 해서 맛있는 고기 음식을 만들어 주려므나.
그걸 먹고 너를 축복하겠다."
이 말을 들은 리브가는 에서가 사냥을 나간 사이 야곱을 털이 많은 에서처럼 꾸미고,
맛있는 음식을 만들어서 이삭에게 가도록 했어요.
이삭은 야곱이 에서인 줄 알고 음식을 먹은 뒤 야곱에게 마음껏 장자의 축복을 주었어요.

아브라함과 이삭의 믿음을 잇는 장자가 되고 싶었던 야곱의 간절한 소망이 이루어졌어요.
우리도 바라는 것이 있다면 마음에 품고 믿음으로 간절히 기도해 보세요.
반드시 그 꿈이 이루어질 거예요.

14 도망가는 야곱을 만나주신 하나님

- 읽어보아요 : 창세기 28장 20-22절
- 외워보아요 : 나의 환난날*에 내게 응답하시며 나의 가는 길에서 나와 함께하신 하나님께 내가 거기서 단을 쌓으려 하노라(창 35:3중반절)
- 핵심가르침 : 하나님은 하나님의 뜻대로 살려고 하는 야곱과 항상 함께하셨음을 알게 합니다.

야곱에게 장자의 축복을 빼앗긴 에서는 너무 화가 났어요.

"아버지가 돌아가시면 야곱을 죽여버리고 말겠어."

에서가 이렇게 말하고 다니는 것을 알게 된 리브가는 야곱에게 외삼촌 **라반**의 집으로 도망가라고 했어요.

*환난날 : 근심과 어려움이 많은 괴로운 날.

도망가는 길에 해가 저물었어요. 야곱은 돌 하나를 베고 누워 자다가 꿈을 꾸게 되었어요.
하늘에 닿은 사닥다리 위로 천사들이 오르락내리락하는 꿈이었지요.
또 하나님의 음성도 들었어요.
"네가 누워 있는 땅을 너와 네 자손에게 주겠다. 그리고 네게 약속한 것을 이룰 때까지
내가 너와 항상 함께할 것이다."

잠에서 깬 야곱은 베고 누웠던 돌을 기둥으로 세우고 그 위에 기름을 부은 뒤, 그곳을 **하나님의 집**이라는 뜻의 **벧엘**이라고 불렀어요. 그리고 하나님께 약속했어요.

"하나님께서 말씀하신 대로 해주신다면, 하나님은 저의 하나님이 되실 것이며 이 돌은 하나님의 성전이 될 것입니다. 또 하나님께서 저에게 주신 모든 것에서 십일조*를 하나님께 드리겠습니다.".

하나님은 하나님의 뜻을 사랑하는 야곱과 항상 함께해 주셨어요. 우리도 하나님의 뜻대로 살면 하나님께서 항상 함께해 주신답니다.

*십일조 : 벌어들인 돈의 10분의 1을 하나님께 드리는 것.

15 열두 아들을 낳은 야곱

- 읽어보아요 : 창세기 29장 31-35절, 30장 1-24절, 35장 16-18절
- 외워보아요 : 이삭이 야곱을, 야곱이 우리 열두 조상을 낳으니(행 7:8하반절)
- 핵심가르침 : 하나님께서 자손의 축복을 주심으로 야곱이 열두 아들을 낳았음을 알게 합니다.

야곱의 외삼촌 라반에게는 **레아**와 **라헬**이라는 두 딸이 있었어요. 야곱은 곱고 아름다운 라헬을 사랑했지요. 라헬과 결혼하기 위해 라반의 집에서 7년 동안 일하기로 했어요. 하지만 7년이 지난 후, 라반은 라헬 대신 레아를 야곱의 아내가 되게 했지요. "외삼촌, 약속이 틀리지 않습니까?" "그럼 7일 후에 라헬도 아내로 줄 테니 다시 7년을 더 일하게." 야곱은 라반의 말대로 또다시 7년을 일했어요.

하나님은 야곱의 사랑을 받지 못하는 레아를 불쌍히 여기시고 먼저 아들을 낳게 하셨어요. 레아는 르우벤, 시므온, 레위, 유다, 잇사갈, 스불론 6명의 아들과 디나라는 딸을 낳았어요.

라헬은 먼저 아들을 낳은 언니 레아를 질투했어요.

그래서 자기의 여종* **빌하**를 야곱에게 주었고, 빌하는 단과 납달리를 낳았지요.

이를 본 레아도 자기의 여종 **실바**를 야곱에게 주었고, 실바는 갓과 아셀을 낳았어요.

*여종 : 잔심부름하던 여자 종.

하나님은 자식이 없는 라헬도 기억하셨어요. 라헬의 간절한 기도를 들으시고 라헬에게도 아기를 낳게 하셨어요. 라헬이 낳은 아들은 요셉과 베냐민이에요.

많은 자손을 주겠다고 하신 하나님의 축복대로 야곱에게서 **12명**의 아들이 태어났고, 이들은 나중에 **이스라엘** 나라를 이루게 되었어요.
우리도 하나님의 축복 속에 태어난 하나님 나라의 자녀예요.
자신도, 믿음의 친구들도 소중히 여기는 어린이가 되어요.

16 하나님의 도우심으로 큰 부자가 된 야곱

- 읽어 보아요 : 창세기 30장 37-43절
- 외워 보아요 : 네 하나님 여호와를 기억하라 그가 네게 재물 얻을 능을 주셨음이라(신 8:18상반절)
- 핵심 가르침 : 하나님께서 도와주셔서 야곱이 큰 재물을 갖게 되었음을 알게 합니다.

라헬이 요셉을 낳은 뒤 야곱은 고향으로 돌아가겠다고 외삼촌 라반에게 말했어요. 라반은 "일한 값은 자네가 원하는 대로 주겠으니 떠나지 말게."라며 야곱을 붙잡았어요. 야곱은 라반에게 말했어요. "아무것도 필요없습니다. 한 가지만 허락하여 주십시오."

"외삼촌의 가축 중에 흰 양떼와 흰 염소 떼만 돌보겠습니다.
그중에 얼룩무늬 또는 점이 있는 새끼들이 태어나면 제가 갖겠습니다."
라반은 그러라면서도 얼룩무늬나 점이 있는 것들을 골라내어 자기 아들들에게 주고
일부러 야곱과 멀리 떨어져서 있게 했어요.
야곱의 재산이 늘어나지 못하게 해서 야곱을 계속 부려먹으려는 속셈이었죠.

야곱은 버드나무, 살구나무, 플라타너스나무의 가지를 꺾어 흰 무늬가 나게 껍질을 벗겼어요. 그리고 건강하고 튼튼한 양떼나 염소 떼가 물을 먹으러 오면 그 나뭇가지를 물구유에 세워 뒀어요. 그 가지들을 보며 물을 먹고 새끼를 밴 양과 염소 떼는 모두 얼룩무늬 또는 점이 있거나 검은 새끼들을 낳았어요. 이렇게 해서 야곱은 많은 양떼와 염소 떼를 얻게 되었어요.

야곱이 이렇게 할 수 있었던 것은 하나님이 꿈에 나타나 알려주셨기 때문이에요. 라반이 야곱에게 주지 않았던 야곱의 일한 값을, 하나님이 모두 찾아주신 거예요. 성실하게 일했던 야곱을 다 보고 계셨어요. 그래서 야곱을 큰 부자로 만들어 고향에 돌아갈 수 있도록 도와주신 것이지요.

이처럼 하나님이 도와주시면 불가능해 보이는 일도 가능해져요. 하나님만 의지해서 야곱처럼 하나님의 도우심을 받는 어린이가 되어요.

17 새 이름을 받은 야곱

- 읽어 보아요 : 창세기 32장 22-30절
- 외워 보아요 : 여호와는 내 편이시라 내게 두려움이 없나니 사람이 내게 어찌할꼬(시 118:6)
- 핵심 가르침 : 야곱은 두려움 속에서도 끝까지 하나님께 매달렸음을 알게 합니다.

고향으로 출발한 야곱은 형 에서가 부하 400명을 거느리고 자신을 만나러 온다는 말을 들었어요. 야곱은 에서가 자기뿐만 아니라 가족들을 죽일까 봐 몹시 겁이 났어요.

야곱은 에서의 마음을 풀기 위해 **선물**을 준비했어요.
자기가 가진 것 중에서 염소와 양, 약대, 소, 나귀들을 세 떼로 나누어 에서에게 차례대로 보냈지요.

*결판 : 옳고 그름이나 이기고 짐에 대한 최후 판정을 내림.

야곱은 얍복 강가에서 가족들과 모든 재산을 먼저 건너보냈어요.
혼자 남은 야곱에게 하나님의 사람이 나타났지요. 그리고 둘은 씨름을 했어요.
결판*이 나지 않자 하나님의 사람이 야곱의 엉덩이뼈를 쳤어요.
그래도 야곱은 하나님의 사람을 놓지 않았어요.
"저를 축복해 주지 않으시면 절대 보내드릴 수 없습니다."

하나님의 사람은 야곱에게 물었어요.
"네 이름이 무엇이냐?" "야곱입니다." "네가 하나님과도 겨루어 이기고 사람과 겨루어도 이겼으니 이제 네 이름은 야곱이 아니라 **이스라엘**이다."
새 이름을 받은 야곱은 두려움을 이겨 내고 가족들의 맨 앞에 서서 에서를 만났어요.

엄청난 두려움 속에서도 오직 하나님께만 끝까지 매달릴 때, 하나님께서는 이길 수 있는 새 길을 열어 주세요. 하나님만을 꼭 붙들고 어떤 두려움도 이겨 내는 어린이가 되어요.

18 세겜에서 생긴 일

- 읽어 보아요 : 창세기 34장 13-29절
- 외워 보아요 : 세겜으로 옮기워 아브라함이 세겜 하몰의 자손에게서 은으로 값 주고 산 무덤에 장사되니라(행 7:16)
- 핵심 가르침 : 야곱이 횃불 언약을 따라 세겜을 구입한 것과 야곱의 아들들의 실수를 알게 합니다.

가나안 땅에 돌아온 야곱은 하나님이 아브라함에게 주시겠다고 약속하신 세겜성 앞에 장막을 쳤어요. 그리고 은 100개를 주고 그 땅을 샀어요.

하나님의 말씀대로 **세겜** 땅이 아브라함과 야곱의 소유가 되었지요.

야곱의 딸 **디나**는 세겜 땅의 여자들을 구경하러 자주 나갔어요. 히위족 추장 세겜은 디나를 보자마자 사랑에 빠졌어요. 그리고 디나를 강제로 자기 장막에 끌고 가서 아내로 삼으려고 했지요. 세겜의 아버지는 아들을 결혼시키려고 야곱을 찾아갔어요.

그러나 디나의 소식을 들은 야곱의 아들들은 머리 끝까지 화가 났어요.

"**할례**받지 않은 자와 우리 디나를 결혼시킬 수 없소. 정 결혼을 시키고 싶거든 당신 족속의 모든 남자가 할례를 받으시오."

이것을 좋게 생각한 세겜과 세겜성의 남자들은 모두 할례를 받았어요. 너무 아파서 꼼짝도 못하고 있을 때, 야곱의 둘째 아들 **시므온**과 셋째 아들 **레위**가 가서 세겜과 남자들을 다 죽여버렸어요.

할례는 하나님과 이스라엘 사이에 맺어진 거룩한 언약의 표시예요. 하지만 분노를 참지 못한 시므온과 레위는 사람을 죽이는 데에 할례를 이용했어요. 그것은 하나님을 믿는 사람의 행동이 아니에요. 우리는 아무리 화가 나도 믿음의 행동만 하는 어린이가 되어야겠어요.

19

벧엘로 올라간 야곱

- 읽어 보아요 : 창세기 35장 9-15절
- 외워 보아요 : 이는 야곱에게 세우신 율례 곧 이스라엘에게 하신 영원한 언약이라(대상 16:17)
- 핵심 가르침 : 아브라함과 이삭에 이어 야곱에게도 횃불 언약이 계승되었음을 알게 합니다.

야곱은 시므온과 레위가 세겜성의 사람들을 죽인 일로 가나안 사람들에게 공격을 받을까 봐 몹시 두려웠어요. 하나님께서는 야곱에게 다시 **벧엘**로 올라가라고 하셨지요. 그때 야곱은 벧엘에서 처음 만났던 하나님을 떠올렸어요.

야곱은 벧엘로 올라가기 전, 집안 사람들에게 가지고 있던 우상들을 다 내어놓으라고 했어요. 그리고 몸과 마음을 깨끗하게 하고 옷도 바꾸어 입으라고 했어요. 내어놓은 우상들은 세겜 근처 상수리나무 아래 묻었지요. 하나님이 지켜 주셔서 벧엘로 가는 야곱을 공격하는 사람들은 없었어요.

벧엘에 도착한 야곱에게 하나님께서 나타나셔서 축복하셨어요.
"이제부터 너의 이름은 야곱이 아니라 이스라엘이다. 너에게서 많은 민족이 나오고 네 자손들에게서 왕들이 태어날 것이다. 내가 아브라함과 이삭에게 준 땅을 너에게 주고, 그 땅을 너의 자손에게도 주겠다."

쉽고 편안한 길은 아니지만 말씀 안에서 한 걸음 한 걸음씩 나아갔던 야곱에게 하나님의 언약이 이어졌어요. 우리도 믿음으로 한 걸음 한 걸음씩 하나님의 약속을 향해 나아가는 어린이가 되어요.

20 애굽으로 팔려 간 요셉

- 읽어 보아요 : 창세기 37장 25-28절
- 외워 보아요 : 한 사람을 앞서 보내셨음이여 요셉이 종으로 팔렸도다(시 105:17)
- 핵심 가르침 : 요셉이 애굽으로 팔려 간 것은 요셉을 먼저 애굽으로 보내시는 하나님의 섭리임을 알게 합니다.

요셉은 야곱의 **11번째** 아들이에요.

야곱은 다른 아들들보다 라헬이 낳은 요셉을 더 많이 사랑해서 아주 예쁜 겉옷을 지어줬어요. 요셉의 형들은 그런 요셉이 너무 미워서 말도 퉁명스럽게 했어요.

어느 날, 요셉은 형들에게 자신이 꾼 **꿈**에 대해 말했어요.

"형님들, 꿈에서 형들이 묶은 곡식단이 내가 묶은 곡식단에게 절했어요."

얼마 후 요셉은 또 다른 꿈을 꾸었지요.

"형님들, 어젯밤 꿈에서는 해와 달과 열한 개의 별이 나에게 절을 했어요."

"뭐? 네가 우리 왕이라도 된다는 거야?"

꿈 이야기를 들은 형들은 요셉을 더욱 미워하게 되었어요.

하지만 야곱은 요셉의 꿈을 마음에 담아두었지요.

요셉은 야곱의 심부름으로 양을 치는 형들에게 갔어요. 형들은 요셉을 죽이자고 했어요. "야, 저기 꿈꾸는 녀석이 온다. 저 꼴보기 싫은 녀석 죽이고 아버지께는 들짐승이 잡아먹었다고 하자." 그러나 맏형 **르우벤**은 요셉을 **구덩이**에 던져두자고 했어요. 요셉을 아버지에게 되돌려 보내려고 했던 것이지요. 형들은 요셉의 겉옷을 벗기고 요셉을 물 없는 구덩이에 던져버렸어요.

맏형 르우벤이 없을 때, 넷째 **유다**가 형제들에게 말했어요.

"요셉을 죽여서 뭐하겠어? 차라리 요셉을 **팔아버리자**."

형들은 때마침 지나가던 미디안 장사꾼들에게 은 20개를 받고 요셉을 팔아버렸어요.

요셉은 이스마엘 사람에게 끌려 **애굽**으로 가게 되었지요.

형들의 미움을 받아 애굽으로 팔려 갔지만, 요셉은 믿음을 잃지 않았어요.
우리도 어려운 일을 당해도 요셉처럼 믿음이 흔들리지 않는 어린이가 되어요.

21 하나님을 앞세우는 요셉

- 읽어 보아요 : 창세기 39장 20-23절
- 외워 보아요 : 하나님을 경외하여 그 앞에서 경외하는 자가 잘될 것이요(전 8:12하반절)
- 핵심 가르침 : 항상 하나님을 앞세우는 요셉에게 하나님이 함께해 주셨음을 알게 합니다.

미디안 사람들은 요셉을 애굽 왕의 시위대장* 보디발에게 팔았어요.
요셉은 정직하고 성실하게 일했고, 하나님은 요셉이 하는 일마다 잘되게 해 주셨지요.
보디발도 그것을 알고 요셉에게 집안일과 모든 재산을 맡겨 돌보게 했어요.
하나님은 요셉 때문에 보디발에게도 복을 주셨지요.

*시위대장 : 왕실의 경호를 책임지는 우두머리.

보디발의 아내가 잘생긴 요셉에게 반해 자기 침실로 가자고 꾀었어요.
그러나 요셉은 그럴 수 없다고 했어요.
"부인은 주인 어른의 아내입니다. 저는 하나님께 죄를 지을 수 없습니다."
화가 난 보디발의 아내는, 요셉이 자기를 억지로 안으려고 했다고 거짓말을 했어요. 보디발은 아내의 말만 듣고 요셉을 감옥에 가두어버렸지요.

하나님은 **감옥**에서도 요셉과 함께하셨어요.
하나님의 은혜로 간수장*은 요셉을 좋게 봤어요.
그리고 감옥의 모든 일을 요셉에게 맡겼지요.
하나님은 요셉이 감옥에서 하는 일들도 다 잘되게 해주셨어요.

*간수장 : 감옥을 지키는 사람.

애굽 왕에게 술잔을 올리는 신하와 떡을 굽는 신하가 잘못을 저질러 요셉이 있는 감옥에 갇혔어요. 갇힌 지 얼마 뒤에 두 사람은 이상한 꿈을 꾸었어요.
술잔을 올리는 신하는 포도즙을 애굽 왕에게 드리는 꿈을, 떡을 굽는 신하는 자기 머리 위 광주리에 있는 떡을 새들이 먹어버리는 꿈을 꾸었지요.
요셉은 술잔을 올리는 신하는 다시 애굽 왕의 신하가 되고, 떡을 굽는 신하는 죽게 될 거라고 말해 주었어요. 두 사람은 요셉이 말한 대로 되었지요.

언제 어디서든 하나님을 먼저 생각하고 앞세우는 요셉에게 하나님께서 함께하시고 잘되는 축복을 주셨어요. 우리도 요셉처럼 하나님을 앞세우는 어린이가 되어요.

22

애굽의 총리가 된 요셉

- 읽어 보아요 : 창세기 41장 41-43절
- 외워 보아요 : 보라 내 종이 형통하리니 받들어 높이 들려서 지극히 존귀하게 되리라(사 52:13)
- 핵심 가르침 : 하나님께서 함께하심으로 요셉이 애굽의 총리가 되었음을 알게 합니다.

어느 날, 애굽 왕은 이상한 **꿈**을 꾸었어요.
살진 암소 일곱 마리가 비쩍 마른 암소 일곱 마리에게 잡아 먹혔어요.
또 토실토실하게 잘 여문 이삭 일곱 개가 있었는데 바짝 마른 이삭 일곱 개가 나와
잘 여문 이삭을 삼켰지요. 애굽 왕은 애굽의 박사들, 마술사들에게
꿈 이야기를 했지만 아무도 그 꿈을 풀어내지 못했어요.

그때 술잔을 올리는 신하가 애굽 왕에게 말했어요.

"제가 감옥에 있을 때 요셉이란 젊은이가 저의 꿈을 풀어줬습니다. 신기하게도 그가 풀어준 대로 다 되었습니다." 애굽 왕은 그의 말을 듣고 요셉을 불렀어요. 자신의 꿈을 풀라는 애굽 왕에게 요셉은 이렇게 말했어요.

"앞으로 7년 동안 큰 풍년*이, 그다음 7년 동안은 큰 흉년이 들 것을 하나님께서 꿈으로 미리 알려주신 것입니다."

*풍년 : 곡식이 잘 자라고 잘 익어 예전보다 수확이 많은 해.

"아! 하나님께서 너와 함께하시는구나! 요셉아, 너만큼 지혜로운 사람이 없다.
너를 이제부터 애굽의 **총리**로 세우겠노라."
애굽 왕은 자기의 반지를 요셉에게 끼워주며 그를 총리로 삼아 애굽 온 땅을 다스리게 했어요.

요셉은 남의 집 노예로도 살고 억울하게 감옥에 들어가기도 했어요.
그러나 늘 하나님께서 함께해 주셨기 때문에 요셉은 애굽 왕 다음으로 높은 사람이 되었어요.
좋은 일이든 나쁜 일이든 항상 하나님이 함께해 주신다는 것을 믿는 어린이가 되어요.

23 애굽에서 가족들을 다시 만난 요셉

- 읽어 보아요 : 창세기 45장 8-10절
- 외워 보아요 : 이에 이스라엘이 애굽에 들어감이여 야곱이 함 땅에 객이 되었도다(시 105:23)
- 핵심 가르침 : 하나님의 섭리로 요셉의 꿈이 이루어지고, 요셉의 가족들이 애굽으로 이주한 것임을 알게 합니다.

총리가 된 요셉은 **풍년**이 든
7년 동안 양식을 엄청나게
많이 모아 두었어요.
풍년이 끝나고 온 세상에
흉년이 들었어요.
사람들은 먹을 것을 사기
위해 요셉을 찾아왔어요.

요셉의 형들도 **양식**을 사기 위해 요셉에게 왔지만, 요셉을 전혀 알아보지 못했죠.
요셉은 형들인 줄 알았으나 모르는 체하며 엄하게 물었어요.
"너희, 애굽을 엿보러 왔지?"
"아닙니다! 저희는 한 형제들이고 먹을거리를 사러 왔습니다.
막내만 아버지와 함께 있습니다."
"막내를 데리고 와라. 그럼 너희 말을 믿겠다."

집으로 돌아간 형들은 먹을 게 떨어지게 되자,
다시 곡식을 사기 위해 막내 **베냐민**도
데리고 요셉에게 갔어요.

요셉은 형제들에게 음식을 대접하고 함께 먹었지요.

그 사이에 베냐민의 자루에 몰래 **은잔**을 넣어두라고 종들에게 시켰어요.

다음 날 아침 일찍 길을 나선 형제들을 요셉의 종들이 붙잡았어요.

"이 도둑놈들, 왜 우리 주인님의 은잔을 훔쳤느냐?"

"네? 그럴리가요."

요셉의 종들은 형제들의 자루를 뒤졌고, 베냐민의 자루에서 은잔이 발견되었어요. 요셉은 땅에 엎드려 덜덜 떨고 있는 형제들을 꾸짖었어요.

"감히 내 은잔을 훔쳐? 이 잔을 가지고 있던 자는 내 종이 되어야 할 것이다!"

그러자 넷째 형 유다가 말했어요.

"차라리 제가 종이 되겠습니다. 베냐민을 데리고 가지 못하면 늙으신 저희 아버지는 돌아가시고 맙니다."

베냐민을 지키려는 형들을 보고 요셉은 큰 소리로 한참을 울었어요.

그리고 자신이 요셉임을 밝혔지요.

"형님들, 저 요셉입니다. 형님들이 저를 애굽에 팔아넘겼지만, 하나님께서 우리 목숨을 살려 주시려고 **먼저** 저를 여기에 보내신 것입니다. 아직도 흉년이 5년이나 남았으니 얼른 아버지와 가족들을 모두 모시고 오세요."

요셉과 형제들은 서로 얼싸안고 울었어요.

하나님의 계획 속에서 야곱의 가족은 애굽으로 오게 되었어요. 자손들이 외국 땅에서 나그네가 된다고 하신 횃불 언약의 말씀이 이루어지기 시작한 것이지요.

하나님은 계획하신 모든 것을 반드시 이루시는 분임을 믿는 어린이가 되어요.

24 먼저 요셉을 축복한 야곱

- 읽어 보아요 : 창세기 47장 28-31절
- 외워 보아요 : 이스라엘의 거룩하신 자 곧 이스라엘을 지으신 여호와께서 가라사대 장래 일을 내게 물으라(사 45:11상반절)
- 핵심 가르침 : 야곱이 철저하게 하나님께 묻고 하나님의 뜻에 따라 행동했음을 알게 합니다.

요셉이 살아 있다는 소식을 들은 야곱은 너무너무 기뻤어요. 당장 요셉을 만나러 갈 수도 있었지만 야곱은 언약의 장소인 브엘세바로 먼저 갔어요. 그리고 하나님께 **기도**했지요.

"하나님, 제가 약속의 땅을 떠나 우상을 섬기는 애굽으로 가도 되겠습니까?
하나님이 가지 말라 하시면 절대 가지 않겠습니다."

하나님은 애굽으로 가라고 하셨어요.

"내가 너와 함께 가겠다.
너는 애굽에서 큰 민족을 이루고, 반드시 가나안으로 다시 돌아올 것이다."

그 말씀을 믿고 야곱은 모든 가족을 이끌고 애굽으로 출발했지요.

야곱은 애굽에서 사랑하는 아들 요셉을 만나
17년 동안 행복하게 살았어요.
야곱은 죽을 날이 가까워 오자 요셉을 불렀어요.
"요셉아, 내가 죽거든 애굽이 아니라
우리 조상들이 누우신 언약의 땅에 나를 묻어다오."
요셉이 대답했어요.
"꼭 아버지 말씀대로 하겠습니다."

얼마 후에 야곱이 아프다는 말을 들은 요셉은 두 아들 므낫세와 에브라임을 데리고 야곱에게 갔어요. 야곱은 요셉에게 이렇게 말했어요

"므낫세와 에브라임을 내 **아들**로 삼겠다. 이 두 아이에게도 네 형들과 함께 유산을 줄 것이다. 나는 곧 죽지만 하나님께서 너희를 약속의 땅 가나안으로 돌아가게 하실 것이다."

그리고 하나님께서 알려주신 대로 동생 에브라임이 형 므낫세보다 더 큰 사람이 될 것이라고 축복했어요. 야곱은 손자들에게까지 하나님의 언약을 전해준 것이었지요.

야곱은 자신도 하나님의 언약을 잊지 않았고,
자손들에게도 하나님의 언약을 그대로 전해주었어요.
또 어떤 일이든 하기 전에 하나님께 먼저 묻고,
하나님이 알려주신 대로만 한 믿음의 사람이었어요.

우리도 무슨 일이든 하나님께 묻고 알려주신 대로
행동하는 어린이가 되어요.

25

야곱의 유언

- 읽어 보아요 : 창세기 50장 12-13절
- 외워 보아요 : 그는 평안에 들어갔나니 무릇 정로*로 행하는 자는 자기들의 침상*에서 편히 쉬느니라(사 57:2)
- 핵심 가르침 : 야곱은 열두 아들에게 하나님의 말씀을 전수하고, 하나님의 약속대로 가나안 땅에 돌아왔음을 알게 합니다.

야곱은 열두 아들을 모두 오라고 했어요.

그리고 한 사람 한 사람에게 알맞게 축복했어요.

그리고 자신이 죽거든 애굽 땅이 아닌

아브라함, 이삭이 묻혀 있는 가나안 **막벨라 굴**에 묻어 달라고 했어요.

*정로 : 올바른 길. *침상 : 침대.

“제가 태어날 때부터 지금까지 저와 함께하신 하나님, 감사합니다.”
야곱은 마지막 순간까지 하나님만 의지하고 감사하면서
하나님 앞에 겸손히 발을 모으고 침대에 누워 하나님의 품에 안겼어요.

야곱의 장례*는 매우 화려했어요. 요셉과 형제들, 애굽 왕의 신하들까지도 따라갔지요.
가나안 땅에 도착한 요셉과 형제들은 아버지의 유언대로 야곱을 막벨라 굴에 묻었어요.

이렇게 가나안 땅으로 돌아온 야곱은 아브라함, 이삭과 함께 하나님의 언약을 이루는
믿음의 사람이 되었어요. 그래서 하나님도 자신을 알리실 때,
아브라함과 이삭과 야곱의 하나님이라고 하셨지요.
우리도 아브라함, 이삭, 야곱의 믿음을 본받을 때
하나님께서 **나의 하나님**이 되어주신답니다.

*장례 : 죽은 사람의 시신을 처리하는 과정과 절차.

26 횃불 언약을 성취한 요셉

- 읽어 보아요 : 창세기 50장 24-25절
- 외워 보아요 : 비록 더딜지라도 기다리라 지체되지 않고 정녕* 응하리라(합 2:3하반절)
- 핵심 가르침 : 아브라함, 이삭, 야곱을 이어 요셉에게 횃불 언약이 계승되었음을 알게 합니다.

야곱은 죽기 전 요셉에게 **세겜** 땅을 주었어요.
세겜은 아브라함이 하나님께 약속받은 것을
야곱이 돈을 주고 산 땅이지요.
야곱은 세겜을 요셉에게 주며 자신이 죽어도 하나님의 약속은
꼭 이루어진다는 믿음을 요셉에게 심어주었어요.

*정녕 : 조금도 틀림없이 꼭.

요셉은 야곱의 유언*을 잊지 않았어요. 그리고 죽음을 앞두었을 때 요셉도 야곱처럼 믿음으로 하나님의 약속을 이스라엘 자손들에게 전했어요.

“하나님께서 너희를 반드시 가나안 땅으로 돌아가게 하실 것이다.

그때 꼭 나의 **뼈**도 가지고 가야 한다.”

이 말을 마친 후 요셉은 110세의 나이로 애굽에서 죽었지요.

*유언 : 죽기 직전에 남기는 말.

그러나 요셉의 유언은 이스라엘 자손의 입에서 입으로 계속 전해졌어요. 마침내 요셉이 죽은 지 360년 만에 하나님의 약속대로 이스라엘 백성은 애굽을 나오게 됐어요. '나의 뼈를 가지고 가라'는 요셉의 유언을 기억한 이스라엘 백성들은 가나안 땅 세겜에 요셉의 뼈를 묻었어요. 하나님이 약속대로 아브라함으로부터 4대만에 횃불 언약이 이루어지는 순간이었어요.

아무리 긴 시간이 흘러도 하나님의 약속은 반드시 이루어져요. 우리는 아브라함, 이삭, 야곱, 요셉처럼 하나님의 약속을 굳게 믿고 하나님의 약속을 이루는 사람들이 되어야겠어요.

구속사 시리즈 어린이 공과 2-1

잊어버렸던 만남 영유치(0-7세) 이야기책

초판 1쇄 2021년 5월 17일

엮은이 평강제일교회
일러스트 박희영, 황혜연, 박효선, 장혜원, 박윤빈

펴낸곳 도서출판 휘선
주 소 08345 서울시 구로구 오류로 8라길 50
전 화 02-2684-6082
팩 스 02-2614-6082
이메일 huisunpublish@gmail.com

등 록 제 25100-2007-000041호
책 값 20,000원

Printed in Korea
ISBN 979-11-89611-26-2
ISBN 979-11-89611-19-4(세트)

※ 낙장·파본은 교환해 드립니다.
『이 도서의 국립중앙도서관 출판예정도서목록(CIP)은 서지정보유통지원시스템홈페이지(http://seoji.nl.go.kr)와 국가자료종합목록 구축시스템(http://kolis-net.nl.go.kr)에서 이용하실수 있습니다.
(CIP제어번호 : CIP2020028667)』

도서출판 **휘선**

휘선(輝宣)은 예수 그리스도의 복음의 참빛이 전 세계 속에 흩어져 있는 수많은 영혼들에게 널리 알려지고 전파되기를 소원하는 이름입니다.

구속사 시리즈
어린이 공과 2-1

잊어버렸던 만남

영유치 0-7세 워크북

Contents

1 구속사의 주인공이신 예수님

우리를 구원하신 예수님께 감사하며 〈부록〉의 하트 리스를 완성해 보아요.

[준비물] 부록, 스티커, 끈, 송곳이나 펀치

[활동 방법]

① 〈부록〉의 리스 판을 오려요.

② 리스에 하트 스티커를 예쁘게 붙여요.

③ 리스 윗부분에 송곳이나 펀치로 구멍을 내고 끈을 꿰어 고리를 만들어요.

④ 완성된 하트 리스를 잘 보이는 곳에 걸어두고 예수님께 감사하는 마음을 가져요.

[완성]

따라 써 보아요.

예수님

2 언약을 기억하시고 이루시는 하나님

하나님과 언약을 맺은 사람들을 지나서 언약을 이루시는 예수님을 찾아가 보아요.

따라 써 보아요.

언약

2과 완성

3 아브라함과 맺으신 횃불 언약

하나님께서 아브라함에게 약속하신 내용을 되새기며 <부록>의 조각을 오려 붙여 퍼즐을 완성해 보아요.

따라 써 보아요.

횃불언약

4 연기 나는 풀무와 타는 횃불

〈부록〉의 횃불을 오려 하나님을 나타내는 횃불을 만들어 보아요.

[준비물] 부록, 가위, 풀

[활동 방법]

① 〈부록〉의 횃불 판과 횃불을 오려요.

② 횃불 판의 횃불 손잡이 위아래 굵은 실선에 칼집을 내요.

③ 밖으로 접는 선, 안으로 접는 선을 따라 횃불과 판을 접어요.

④ 횃불의 뒷면 풀칠 1에 풀칠한 다음, 아코디언처럼 접어 붙여요.

⑤ 횃불의 뒷면 풀칠 2에 풀칠한 다음, 횃불 판에 붙여 횃불을 완성해요.

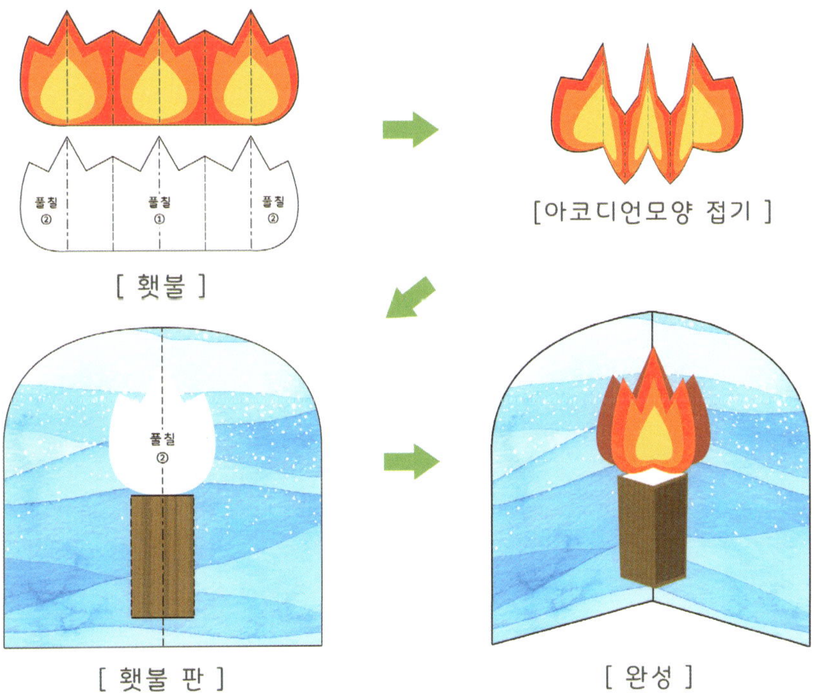

따라 써 보아요.

횃불

5 횃불 언약을 이루는 믿음의 4대

횃불 언약을 이룬 믿음의 4대를 기억하며 알맞은 자리에 스티커를 붙여 보아요.

따라 써 보아요.

믿음의 4대

5과 완성

6 하나님의 부르심에 순종한 아브라함

아브라함이 하나님 말씀을 따라 고향을 떠나고 있어요.
두 그림에서 다른 곳 5군데를 찾아서 동그라미해 보아요.

따라 써 보아요.

아 브 라 함

6과 정답

7 아브라함이 믿지 못해 태어난 이스마엘

하나님의 생각과 아브라함의 생각이 달라 벌어진 일을 되새기며 〈부록〉의 접이책을 만들어 보아요.

[준비물] 부록, 가위, 풀

[활동 방법]

① 〈부록〉의 접이책을 오리고, 책 가운데의 밖으로 접는 선을 따라 접어 올려요. ② 책의 왼쪽 부분을 밖으로 접는 선대로 접어요. ③ 풀칠 면에 풀칠하고 서로 마주 닿게 붙여요. ④ 하나님 생각, 아브라함 생각 표지가 나오도록 반으로 접어 책을 완성해요. ⑤ 책을 왼쪽으로 펼치면 하나님의 생각(아브라함의 아들 이삭을 통해 많은 자손을 낳게 하심), 오른쪽으로 펼치면 하나님의 생각과 달랐던 아브라함의 생각(하갈을 통해 이스마엘을 낳으므로 나중에 하갈과 이스마엘을 쫓아내야 했음)을 알 수 있어요.

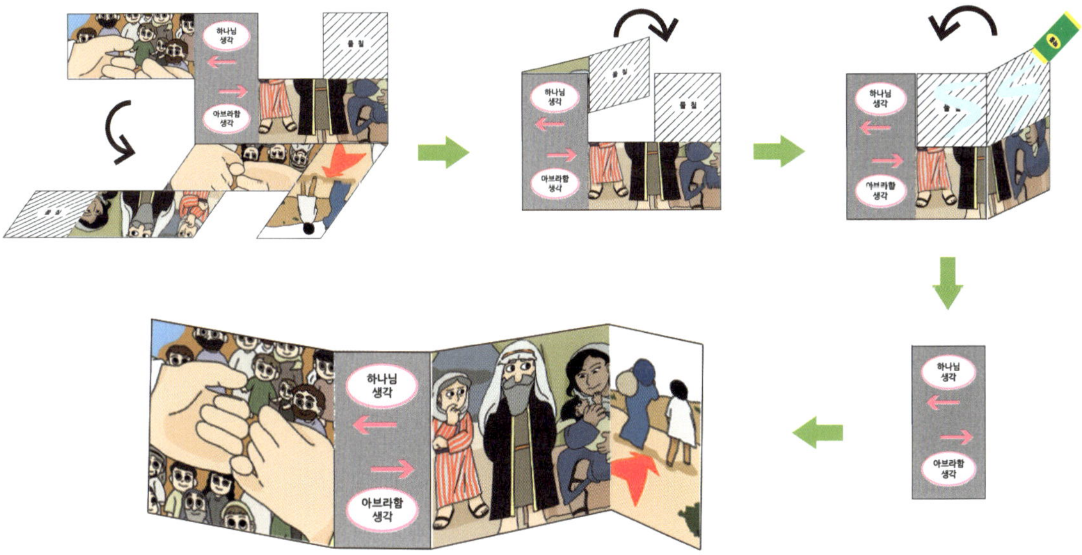

따라 써 보아요.

이스마엘

8 하나님의 언약대로 태어난 이삭

하나님은 언약을 반드시 이루시는 분임을 기억하며 아브라함과 사라, 아기 이삭을 색칠해 보아요.

따라 써 보아요.

약속

9 하나님께 믿음을 인정받은 아브라함

하나님 말씀에 순종하여 가장 사랑하는 아들도 하나님께 아낌없이 드린 아브라함을 생각하며 <부록>의 퍼즐 조각을 오려 퍼즐을 완성해 보아요.

따라 써 보아요.

모 리 아

10 믿음으로 막벨라 굴을 산 아브라함

믿음의 길을 걸어간 아브라함을 기억하며 숫자 순서대로 이어 그려 그림을 완성해 보아요.

따라 써 보아요.

막벨라 굴

10과 완성

11 횃불 언약을 이어받은 이삭

하나님 말씀에 순종을 잘하는 이삭과 리브가를 멋지게 색칠해 보아요.

따라 써 보아요.

이삭

12 끝까지 참으며 우물을 판 이삭

블레셋 사람들의 괴롭힘에도 끝까지 참았던 이삭의 인내를 생각하며
〈부록〉의 종이 하트 엮기를 해 보아요.

[준비물] 부록, 가위, 칼

[활동 방법]

① 〈부록〉의 하트와 끼우기 종이를 오려요.

② 하트의 세로선을 따라 칼집을 내요.

③ 끼우기 종이를 하트에 끼워요.
윗줄 아랫줄 엇갈리게 번갈아가면서 엮어요.

④ 엮기가 조금 어렵더라도 끝까지 하트를 완성해 보아요.

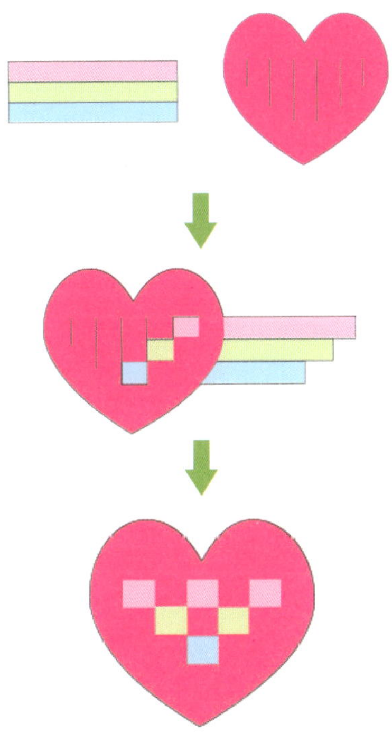

[완성]

따라 써 보아요.

우물

13 장자가 되고 싶었던 야곱

쌍둥이 에서와 야곱을 색칠해 보아요.

따라 써 보아요.

야곱

14 도망가는 야곱을 만나주신 하나님

하나님께 가까워지려면 무엇을 해야 할지 생각하며 알맞은 자리에
스티커를 붙여 보아요.

따라 써 보아요.

하나님의 집

14과 정답

15 열두 아들을 낳은 야곱

야곱의 열두 아들 이름을 말해 보며 이름에 맞게 스티커를 붙여 보아요.

야곱의 12아들

따라 써 보아요.

열두 아들

15과 정답

16 하나님의 도우심으로 큰 부자가 된 야곱

얼룩무늬나 점을 그려 넣어 야곱의 양떼를 완성해 보아요.

따라 써 보아요.

재물

17 새 이름을 받은 야곱

〈부록〉의 기도 무지개 입체 카드를 만들며 하나님께 어떻게 기도하는지 알아 보아요.

[준비물] 부록, 가위, 색연필

[활동 방법]

① 〈부록〉의 기도 무지개 카드 테두리를 오려요.

② 무지개에 써 있는 기도를 읽어보며 무지개를 색칠해요.

③ 모두 색칠한 다음, 카드를 반으로 접어 무지개 위 아래의 굵은 선을 잘라요.

④ 카드의 밖으로 접는 선, 안으로 접는 선을 따라 무지개를 접어 세우면
기도 무지개 카드 완성!

[완성]

따라 써 보아요.

새 이름

18 세겜에서 생긴 일

레위와 시므온은 하나님의 거룩한 할례 언약을 잘못 이용했어요.
두 그림에서 다른 곳 4군데를 찾아 동그라미해 보아요.

따라 써 보아요.

세겜

18과 정답

19 벧엘로 올라간 야곱

야곱에게 일어났던 일의 순서대로 알맞은 자리에 스티커를 붙여 보아요.

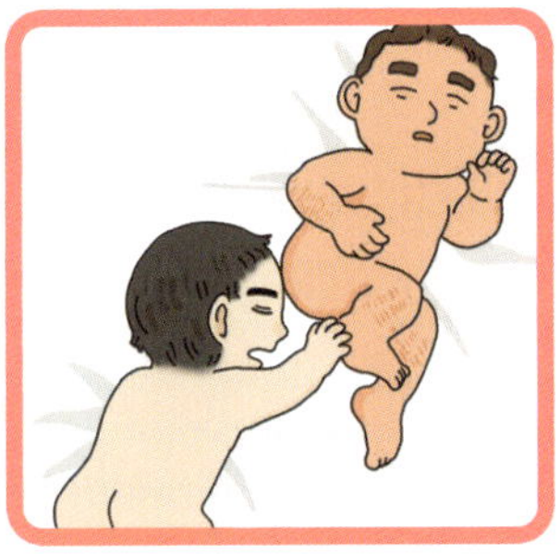

2

5

7

8

따라 써 보아요.

벧엘

19과 정답

20 애굽으로 팔려 간 요셉

친구들이 주일에 교회 가지 말고 놀자고 할 때 나는 어떻게 대답할지 그림을 보며 이야기해 보아요.

따라 써 보아요.

요셉

21 하나님을 앞세우는 요셉

모든 일에 하나님을 앞세운 요셉을 기억하며 두 그림에서 다른 곳 4군데를 찾아 동그라미해 보아요.

따라 써 보아요.

먼저 하나님

21과 정답

22 애굽의 총리가 된 요셉

바로의 꿈에 나타난 비쩍 마른 소와 살진 소를 붙여 보아요.

따라 써 보아요.

총리

22과 완성

23 애굽에서 가족들을 다시 만난 요셉

하나님의 계획 안에서 만나게 해 주심을 감사하며 우리 가족의 모습을 그려 보아요.

따라 써 보아요.

가족

24 먼저 요셉을 축복한 야곱

어떤 일이든 하나님께 먼저 물어야 함을 기억하면서 매일 성경 구절을 외우고 스티커를 붙여 〈부록〉의 실천표를 완성해 보아요.

[준비물] 부록, 가위, 스티커

[활동 방법]

① 〈부록〉의 실천표를 오려요.

② 잘 보이는 곳에 붙여 두고 실천표에 있는 성경 구절(이사야 45:11 상반절)을 매일 읽어요.

③ 성경 구절을 읽은 요일에는 스티커를 붙여요.

④ 일주일 동안 매일 성경 구절을 읽고 스티커를 붙여 실천표를 완성해 보아요.

[완성]

따라 써 보아요.

축복

25 야곱의 유언

횃불 언약을 이룬 믿음의 4대를 기억하며 스티커를 알맞은 자리에 붙이고
동그라미 안에 '나'의 이름을 적어 보아요.

따라 써 보아요.

유언

25과 완성

26 횃불 언약을 성취한 요셉

〈부록〉의 옷 조각을 오려 붙이며 횃불 언약이 이루어질 것을 확실히 믿었던 요셉의 채색옷을 완성해 보아요.

따라 써 보아요.

성취

26과 완성

부록

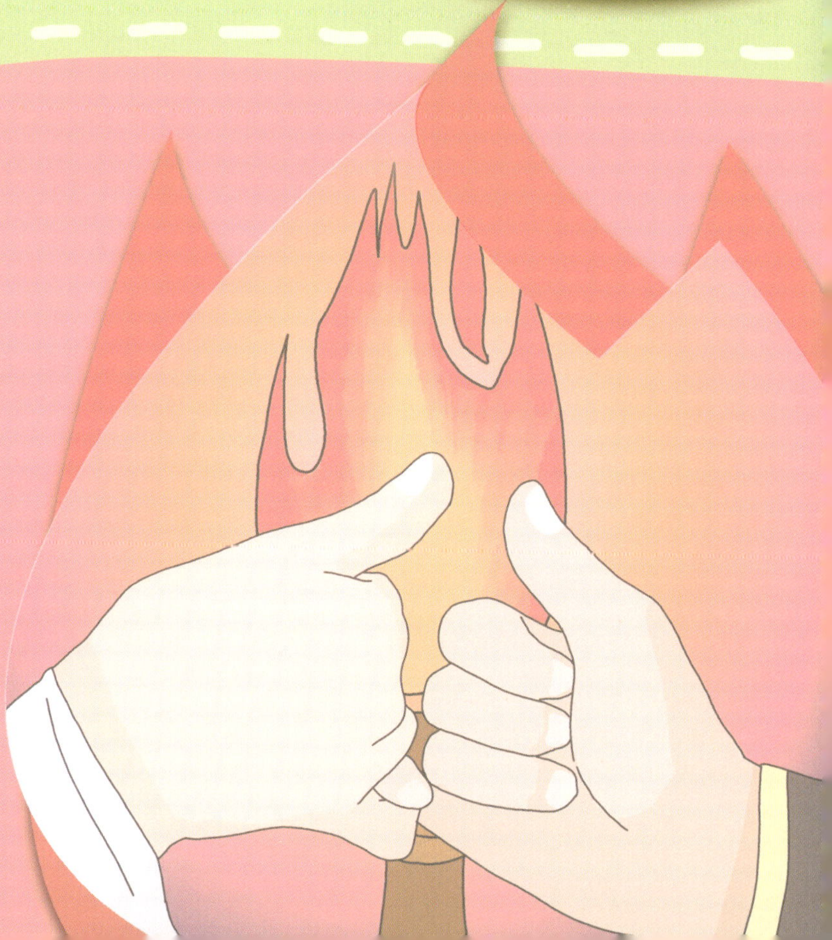

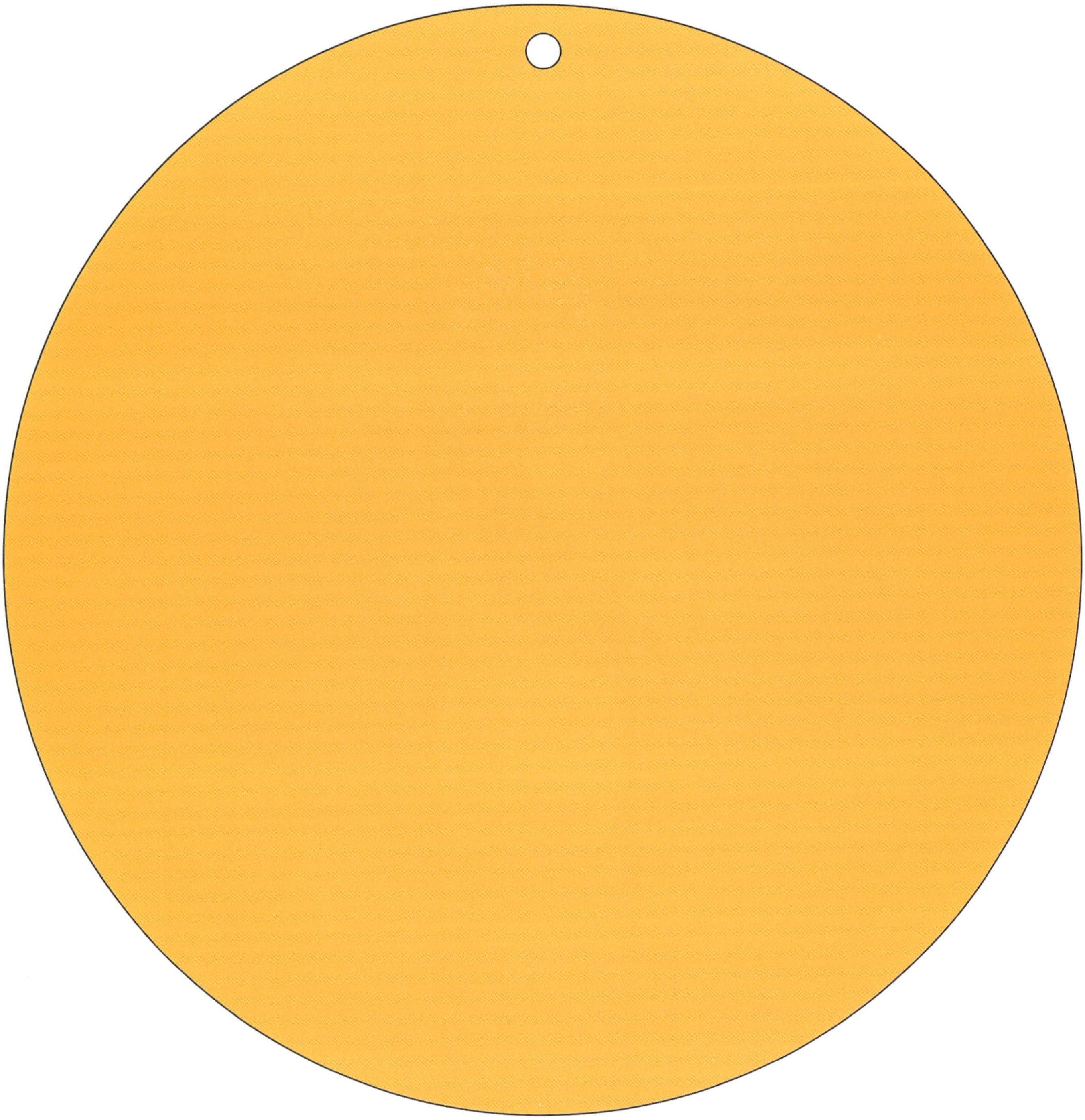

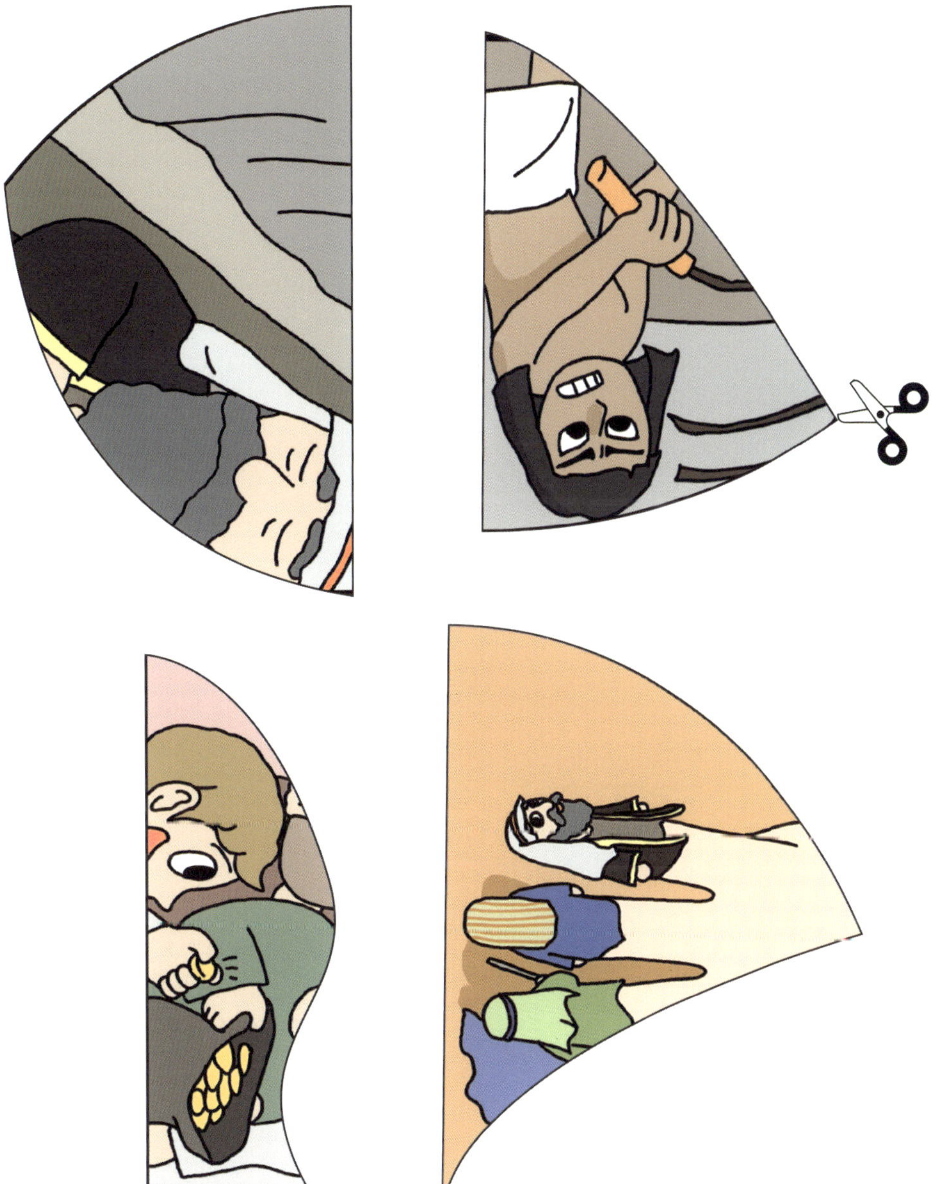

자르는 선   밖으로 접는 선   안으로 접는 선

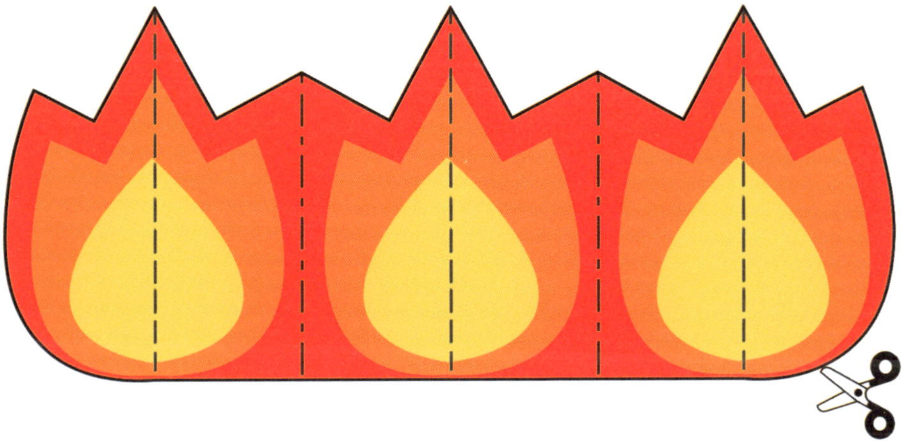

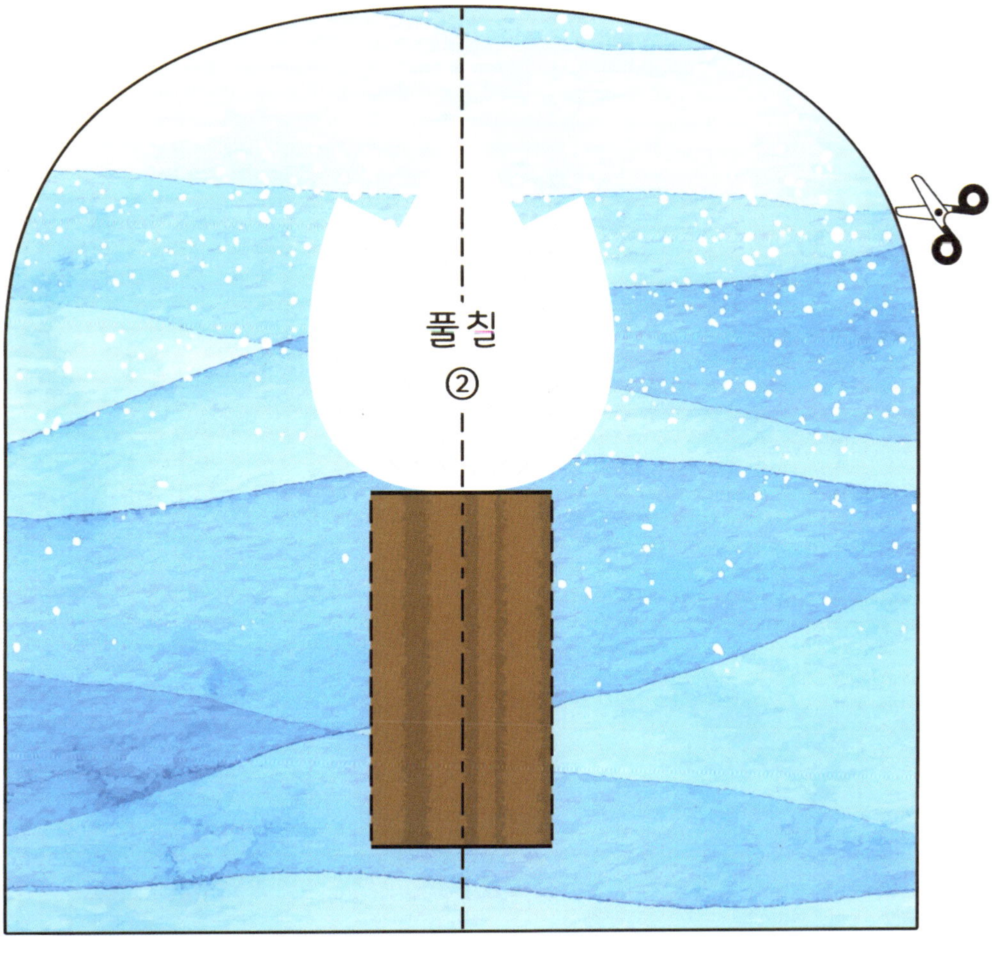

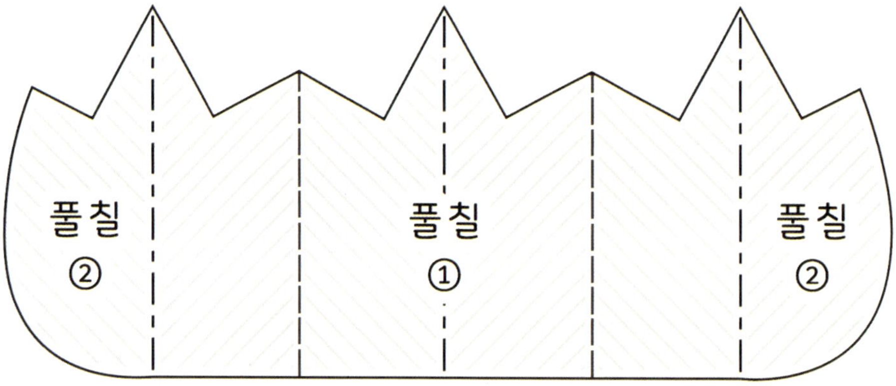
풀칠
②
풀칠
①
풀칠
②

7과

자르는 선 밖으로 접는 선 안으로 접는 선

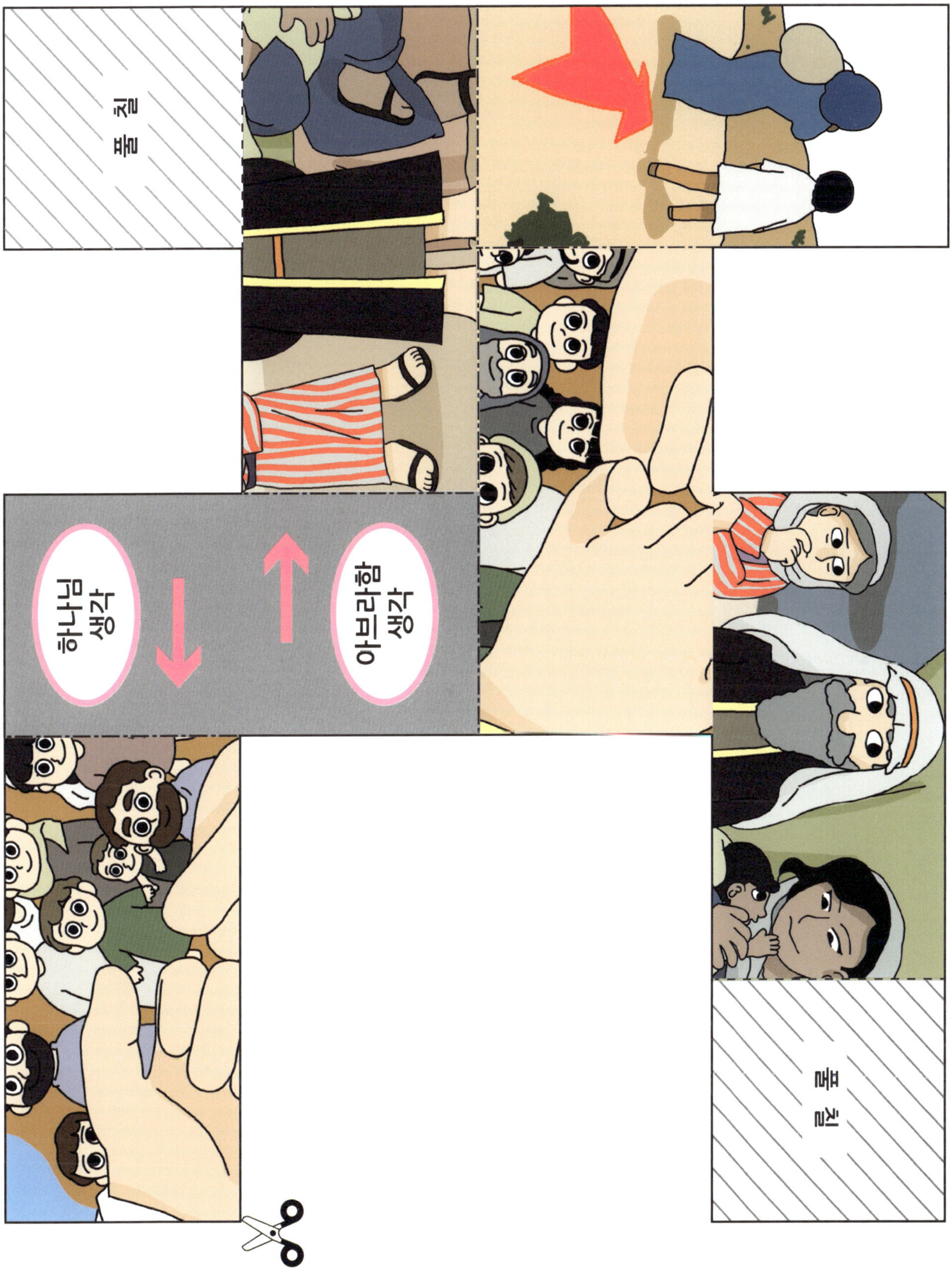

자르는 선 | 밖으로 접는 선 | 안으로 접는 선

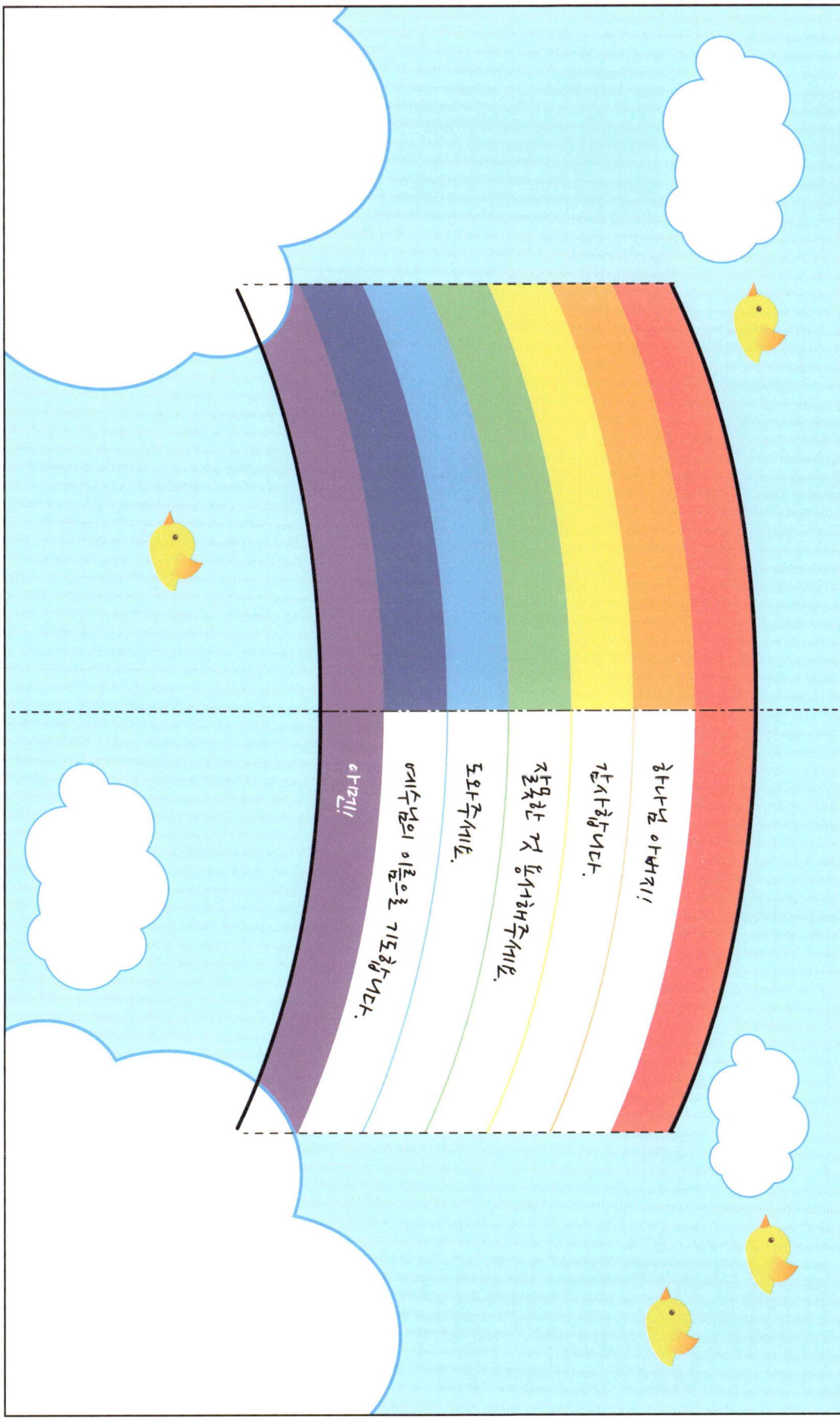

24과

의 말씀실천표

이스라엘의 거룩하신 자 곧 이스라엘을 지으신
여호와께서 가라사대 장래 일을 내게 물으라(이사야 45:11)

일	월	화	수	목	금	토

26과

이 책은 데브시스터즈의 '쿠키런 글꼴'을 사용하였습니다.

5과

1과

14과

15과